中华诵·经典素读教程系列

中华国学课本

ZHONGHUA GUOXUE KEBEN

第七册

张庆华 主编

四年级 ________ 班

姓名 ____________

中 华 书 局

目录

古诗

古文

对　联

编者的话

教育部2012年发布的最新修订版《小学语文课程标准》前言写道："语文课程还应通过优秀文化的熏陶感染，提高学生的思想道德修养和审美情趣，使他们逐步形成良好的个性和健全的人格，促进德、智、体、美诸方面的和谐发展。"《标准》还要求小学生背诵160篇优秀诗文。《中华国学课本》的编写，就是希望通过将丰富精深的传统文化内容课时化、情趣化、游戏化，让小学生寓学于玩，从而广泛深入地实践新语文课程标准。编写《中华国学课本》的目标，在于让孩子从道德评价、风俗习惯、交往礼仪、生活常识等方面去感受中华传统文化的独特魅力，使当代小学生能在学习过程中，正视祖国优秀的传统文化，吸取其精华，陶冶完美人格，开发自身的主体智慧，使识字、阅读、记忆、观察、思维、判断、想象、体能、灵感等方面的潜能得到更为科学、更为高效的开发和培养。

一、教材编写

（一）科学借鉴，精选适度

我们在编写教材时，尽可能实现如下目标：内容可读性强、编排线索简明、序列清晰、便于学生诵读和学习。通过对教材教法的研究，我们在"度、量、正、懂"四字上进行了反复斟酌。

1. 度：要讲求分寸的把握。少儿传统文化学习要做到适当、适度、适宜、适合。课本所编选的诗歌、古文、韵文等，内容贴近儿童的生活，朗朗上口，便于记诵。

2. 量：《中华国学课本》编选内容量的确定是以不增加学生学习负担为前提的。教材每册定位 20 课时，课文 20 篇，其中古诗 6 首，古文 10 篇，韵文 4 篇。一首诗一般最多 56 字，一段短文 50 字左右，韵文如《声律启蒙》节选 80 多字，都在课堂中完成学习，当堂读、背、画完成后，不再布置其他作业。

3. 正：《中华国学课本》课程的教学目标是对少年儿童进行德育与智育，尤其是情感的培养和陶冶，把真善美的东西教给孩子们。

4. 懂：我们是在引导学生初知或粗知的基础上来安排学习、诵读的。具体做法是，让学生初知一点，不深究。在学习过程中，凡是能够让学生开心地学、爽朗地读、创造性地嬉戏的形式，都是可以尝试的。

（二）内容丰富，设计创新

在编写时，我们也注意到了课堂教学的规范性和开放教学的灵活性：低年段内容的选编，多以表现儿童生活内容的篇章为主；中高年段则根据学生的认知能力和接受程度，编选优秀传统文化中有关为人处世、修身养性的篇目。编选时，尽量做到不与其他教科书内容重复。版块设置介绍如下：

1. **诵读**：诵读的方式可以是开放的，多种多样的，节奏读、韵律读、音乐读、相声版、京戏版、夫子版等都可以采用。

2. **注释**：设置注释的目的是帮助学生理解，因此对妨碍理解的字、词进行简洁的注释。

3. **诗意体悟**：本着浅显易懂、浅入浅出的原则，讲解诗文的内容和特色，让学生能基本了解即可，教学时也只是点到为止。

4. **阅读提示**：针对所选课文的内容和特点，进行具体的阅读指导。

5. **创意空间**：本版块的设置体现了体验化教学设计，课堂上师生一起以读、聊、诵、吟、画、玩的形式来进行学习。比如低年段的“我会这样涂涂画画”、中高年段的“诗情画意显身手”（我可以涂画、作诗、写对联）等，就是用读来完成学、用玩来理解意、用涂鸦等独特的创造和嬉戏，来表达和体现各自的情等，真正做到让学生体悟在诗意里，成长在无限的创造活动情趣中，既开发语言功能，又激发想象能力。

6. **汉字寻根和书写练习**：设置本版块，是希望学生通过观察、了解、欣赏、书写汉字，培养其对祖国汉字文化的喜爱之情，通过寻字、赏字、评字、写字，让学生从小养成眼中观字、心中想字、脑中记字、手写好字的优良习惯。“汉字寻根”只在古文部分设置。

7. **国学常识**：国学常识是对课文内容的补充和拓展。每册设置3课，所选均为中国人应知应会的国学常识，提供给学生自学，教师不进行讲解。

二、教学方法，易于操作

通过对教材的编选和教学实践，逐渐形成了系统完整、便于操作的教学模式——五步教学法，具体做法是：

1. **课前游戏学**：依据儿童爱玩的天性，在课前利用1—3分钟，让小组长或学习委员领同学一起吟诵、读唱、编演游戏。

2. **课中趣味学**：一看注释读，二想故事或典故读，三看阅读提示读。一是不加不减字；二是读准字音有韵味。

3. **同学玩读学**：彰显儿童的玩耍嬉戏之趣，让学生用自己喜欢的方式诵读，如节奏明快朗诵版、稚趣横溢相声版、摇头晃脑夫子版、韵律和声吟诵版等。

4. **师生同聊学**：师生同聊的课堂，聊中品读聊出情、聊中戏玩聊出趣、聊中感悟聊出智，让师生在课堂中，都能以轻松自如的状态去表达，去传递，去交流，去碰撞。

5. **诗情画意学**：课本设置有“创意空间”版块，是为了让孩子们更好地进行体验性、参与性学习，让孩子们的想象力自由地驰骋。每上完一课，孩子们心中有情、脑中有画、手中有笔，可以立即把自己的理解和想法都表现出来。

三、目标明确，积少成多

关于《中华国学课本》的使用，我们有如下建议。

一、二年级：每周利用一节正式语文课，上《中华国学课本》一课。另外利用每天的晨读时间逐渐完成《三字经》、《弟子规》、《千字文》、《百家姓》的背诵。

三、四年级：每周用一节正式语文课，上《中华国学课本》一到两课。用每天的晨读时间完成《声律启蒙》、《笠翁对韵》以及《大学》、《论语》节选的背诵。

五、六年级：每周用一节正式语文课，上《中华国学课本》一到两课。用每天的晨读时间完成《中庸》、《诗经》、《论语》、《孝经》、唐诗、宋词的选背。

这样，学生从一年级起至六年级，六年间可积累诵读约 300 多首古诗文和部分整本的经典名著。相信这些优秀篇目的学习，必将提升孩子们儒雅淳静的气质，为孩子们以后的“薄发”奠定比较扎实的基础。

四、家校互动，有效评价

在课程学习中，引入评价环节，提倡师生同评、学生自评、同伴互评、亲子共评，设置针对学生学习、教师教学、班级整体情况的测评表。

一是设计了针对学生的《中华国学课本》学习情况测评表（见附表 1），评分标准采用百分制，具体要求包括：1. 集体诵读展示，所有同学参与；2. 诵读时字正腔圆，声情并茂；3. 诵读形式多样，趣味性强；4. 分组表演中，大方自信，各展所长；5. 对《中华国学课本》的熟悉程度；6. 能进行个性创作，书、画整洁漂亮。

二是设计了针对教师使用的《中华国学课本》教学情况明细表（见附表 2）。

三是设计了针对班级整体的《中华国学课本》班级情况测评表（见附表 3），评分采用“优、良、中”等级制，具体要求为：1. 优：95% 的同学能熟练背诵，节奏感强 ；2. 良：90% 的同学能通背，正确、通顺、流畅；3. 中：80% 的同学能通背，正确、通顺、流畅。

附表 1：

《中华国学课本》学习情况测评表

班　级	诵　读	表　演	创　作	综合得分

附表 2：

《中华国学课本》教学情况明细表

<table>
<tr><td>年级／班级</td><td></td><td>授课老师</td><td></td><td>学生人数</td><td></td></tr>
<tr><td>规定课时</td><td></td><td>已上课时</td><td></td><td>补上课时</td><td></td></tr>
<tr><td rowspan="3">教学完成情况</td><td>学一带一</td><td colspan="4"></td></tr>
<tr><td>涂鸦创作</td><td colspan="4"></td></tr>
<tr><td>师生评价</td><td colspan="4"></td></tr>
<tr><td rowspan="4">抽查效果</td><td>熟练通背人数</td><td colspan="4"></td></tr>
<tr><td>古诗背诵效果</td><td colspan="4"></td></tr>
<tr><td>古文背诵效果</td><td colspan="4"></td></tr>
<tr><td>韵文背诵效果</td><td colspan="4"></td></tr>
<tr><td>教师教学感悟、意见及建议</td><td colspan="5"></td></tr>
</table>

附表 3：

《中华国学课本》班级情况测评表

班级人数情况			诵读效果			创作效果	
班级	应到人	实到人	古诗	古文	韵文	涂鸦	诗、文创作

张庆华

2013 年 3 月

古诗

选自《诗经·邶风》的《凯风》，让我们重温母爱，正是母亲的明理、勤劳之美德，浇灌了孩子心灵深处的感恩之花；节选的《木兰诗》描写了木兰在边塞军营的艰苦战斗生活，她英勇善战，凯旋故里，充分展现了一位巾帼英雄的风采；《送友人》中的离别伤情再一次提醒着我们珍惜友谊；《秋千》、《山园小梅》诗境中的人美、景美，无不让人心旷神怡，陶醉不已。这一册的词，选了苏轼的《念奴娇·赤壁怀古》，让我们从古代英雄豪杰身上感受了气吞山河的磅礴气势，令人激情澎湃。

1 凯风

诗经·邶风

凯风自南，吹彼棘心。
棘心夭夭，母氏劬劳。
凯风自南，吹彼棘薪。
母氏圣善，我无令人。
爰有寒泉，在浚之下。
有子七人，母氏劳苦。
睍睆黄鸟，载好其音。
有子七人，莫慰母心。

注释

① 凯风：和风。比喻母爱。
② 棘(jí)心：酸枣树初发的嫩芽。这里以棘喻子。
③ 夭夭：树木嫩壮的样子。
④ 劬(qú)劳：劳苦。
⑤ 圣善：明理善良。
⑥ 睍睆(xiàn huǎn)：黄鸟婉转的鸣叫声。

母亲养育孩儿如和风吹拂小枣树使其成长，是那么辛劳。母亲明理有美德，而我不成器却难以回报。纵然有七个儿子，母亲仍是很劳苦。惭愧的是作为儿子，却不能让母亲宽心！

阅读提示

这是一首儿子歌颂母亲并自责的诗。诗人在夏日看到枣树在南风的吹拂中发芽生长，联想到母亲养育儿女的辛劳，触景生情，写下了这样自然生动的诗句。又想到黄鸟婉转的歌声使人愉悦，而自己没有做出使母亲感到安慰的事情，因惭愧而深深自责。朗读诗句时，可饱含感激而又略带愧疚之情。

创意空间

1. 我会自读、自吟，找同学一起诵读。

2. 书写练习：照样子书写下面的诗文。

爰有寒泉，在浚之下。有子七人，母氏劳苦。

睍睆黄鸟，载好其音。有子七人，莫慰母心。

3. 诗情画意显身手。（我可以涂画、作诗、写对联）

2 木兰诗（节选）

北朝民歌

万里赴戎机，关山度若飞。

朔气传金柝，寒光照铁衣。

将军百战死，壮士十年归。

归来见天子，天子坐明堂。

策勋十二转，赏赐百千强。

可汗问所欲，木兰不用尚书郎。

愿驰千里足，送儿还故乡。

注释

①戎机：指战争。
②朔气：北方的寒气。
③金柝（tuò）：是军中用来做饭和打更的铜器。
④百千强：即百千有余，是形容赏赐得多。

诗意体悟

木兰奔赴战场作战，翻山越岭、出生入死，十年之后才得胜而归。当她胜利归来朝见天子时，天子论功行赏，木兰所记的功是最高一等，得到的赏赐千百金以上。天子问木兰有什么要求，而木兰不愿做官，只希望能早日回故乡。

诗中“万里赴戎机，关山度若飞”通过对战争生活的夸张，写出了征途之遥，生活之苦；“策勋十二转，赏赐百千强”是对数量、程度的夸张，既成功地烘托了木兰的英雄形象，又表现出木兰功成身退，眷念家乡的耕织生活，不求荣华富贵的纯真性格。朗读时语调铿锵有力，从心底里流露出对木兰英雄气概的高度赞美！

创意空间

1. 我会自读、自吟，找同学一起诵读。

2. 书写练习：照样子书写下面的诗文。

可汗问所欲，木兰不用尚书郎。

愿驰千里足，送儿还故乡。

3. 诗情画意显身手。（我可以涂画、作诗、写对联）

3 送友人

〔唐〕李　白

青山横北郭，白水绕东城。
此地一为别，孤蓬万里征。
浮云游子意，落日故人情。
挥手自兹去，萧萧班马鸣。

注　释

①郭：外城。
②孤蓬：喻游子。
③自兹：从此。
④萧萧：马鸣声。
⑤班马：离群的马。

诗意体悟

苍山翠岭横卧北城外，清澈的河水环绕东城流。我们今天在此一别，就会像蓬草一样万里飘零，辗转不定。我们挥手告别，从此各奔前程，两匹马似乎也懂得主人的心情，不忍离别同伴而萧萧长鸣……

这是一首充满诗情画意的送别诗，诗人与友人策马辞行，情意绵绵，动人肺腑。“青”、“白”相间，色彩明丽；“横”勾勒出青山的静姿，“绕”描绘了白水的动态；“落日”与“浮云”对比，暗示出诗人对朋友依依惜别的心情。这首送别诗写得新颖别致，不落俗套，朗读时节奏明快，感情真挚，要表现出豁达与乐观之情。

创意空间

1. 我会自读、自吟，找同学一起诵读。

2. 书写练习：照样子书写下面的诗文。

浮云游子意，落日故人情。

挥手自兹去，萧萧班马鸣。

3. 诗情画意显身手。（我可以涂画、作诗、写对联）

4 秋千

〔宋〕僧惠洪

画架双裁翠络偏，
佳人春戏小楼前。
飘扬血色裙拖地，
断送玉容人上天。
花板润沾红杏雨，
彩绳斜挂绿杨烟。
下来闲处从容立，
疑是蟾宫谪降仙。

注释

① 僧惠洪：宋代诗僧。
② 红杏雨：杏花洒落。
③ 蟾宫：月宫。
④ 谪降：仙人遭贬托生人世。

绘着彩图的秋千架两边悬垂着翠绿色的丝绸，美丽的少女在小楼前嬉闹玩耍，荡着秋千尽情飞扬，摆动的彩绳似乎要把美人送上青天。杏花瓣像雨点般洒落在秋千上，彩绳似轻烟旋绕于翠绿的杨柳间。当女孩从容地下了秋千，潇洒地立在花荫处，神采奕奕，好似月宫里的嫦娥降临人间。

阅读提示

诗歌描写秋千的华美精致，暗示出主人的高贵身份；“红裙拖地”、“玉容上天”描绘出秋千上下摆动时女孩的神采奕奕。杏花纷洒，柳烟旋绕，这漂亮的景物更烘托出少女的艳丽多姿。随即秋千停止，突出了美人飘然而下、沉着悠闲的风姿，真可谓“美若天仙”！前六句要读得轻松明快，体现出少女的天真浪漫，后两句可读得舒缓一些，体现女孩的优雅风姿。

创意空间

1. 我会自读、自吟，找同学一起诵读。

2. 书写练习：照样子书写下面的诗文。

花板润沾红杏雨，彩绳斜挂绿杨烟。

下来闲处从容立，疑是蟾宫谪降仙。

3. 诗情画意显身手。（我可以涂画、作诗、写对联）

5 山园小梅

〔宋〕林 逋

众芳摇落独暄妍，
占尽风情向小园。
疏影横斜水清浅，
暗香浮动月黄昏。
霜禽欲下先偷眼，
粉蝶如知合断魂。
幸有微吟可相狎，
不须檀板共金樽。

注 释

① 林逋：宋代诗人。
② 暄妍：明媚美丽。
③ 霜禽：一指“白鹤”；二指“冬天的禽鸟”。
④ 狎（xiá）：亲近。
⑤ 檀板：演唱时用的檀木柏板。
⑥ 金樽：豪华的酒杯。

百花凋零，唯有那梅花凌寒独自开，把小园的风光占尽。梅花稀疏的影儿，横斜在清浅的水中，清幽的芬芳透过朦胧的月光四处飘散。冬鸟都被这寒梅冷艳的风姿所吸引，我也情不自禁执着金杯一边饮着酒一边来欣赏它。

首句一"众" 一"独"对比鲜明，烘托出梅花的与众不同，独领风骚，引出第二句"占尽风情向小园"。第五、六句用夸张的手法描写了"霜禽"和"粉蝶"对梅花的感受与赞美，凸显梅花的报春使者形象。第七、八句用拟人的手法把梅花当做诗歌酬唱的伙伴，揭示出梅花的高洁品行。可以自吟自唱，品出梅花的美，悟出梅花的圣洁。

创意空间

1. 我会自读、自吟，找同学一起诵读。

2. 书写练习：照样子书写下面的诗文。

众芳摇落独暄妍，占尽风情向小园。

疏影横斜水清浅，暗香浮动月黄昏。

3. 诗情画意显身手。（我可以涂画、作诗、写对联）

6 念奴娇·赤壁怀古

〔宋〕苏　轼

大江东去，浪淘尽、千古风流人物。故垒西边，人道是、三国周郎赤壁。乱石穿空，惊涛拍岸，卷起千堆雪。江山如画，一时多少豪杰！　遥想公瑾当年，小乔初嫁了。雄姿英发，羽扇纶巾，谈笑间，樯橹灰飞烟灭。故国神游，多情应笑我，早生华发。人生如梦，一樽还酹江月！

注　释

① 风流：杰出。
② 故垒：古时军营的墙壁。
③ 小乔：周瑜的妻子。
④ 酹（lèi）：把酒倒在地上祭奠。

历史上的英雄已经被岁月的河流带走，留下的是千古不变的“乱石穿空，惊涛拍岸，卷起千堆雪”。曾记得三国时周郎在赤壁大破曹兵，当年周公瑾姿态雄武，谈笑之间，曹操的无数战船就在浓烟烈火中被烧成灰烬。神游于故国（三国）战场，感叹人的一生就像做了一场大梦，只想把酒献给江上的明月，请它和我同饮共醉吧！

这首词上阕咏赤壁，下阕怀周瑜，最后以自身感慨收尾。起笔高唱入云，气势足与“黄河之水天上来”相媲美。接着借“人道是”的疑似之言，把江边故垒和周郎赤壁联系在一起。最后诗人从怀古回到伤己，自叹“人生如梦”，举杯同江上清风、山间明月一醉销愁。朗读上阕时语调铿锵，读出磅礴气势；下阕可读得低沉舒缓，流露隐隐忧伤。

创意空间

1. 我会自读、自吟，找同学一起诵读。

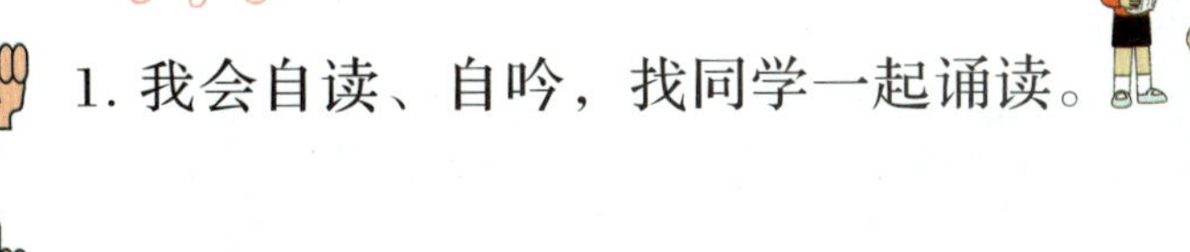

2. 书写练习：照样子书写下面的诗文。

乱石穿空，惊涛拍岸，卷起千堆雪。

江山如画，一时多少豪杰！

3. 诗情画意显身手。（我可以涂画、作诗、写对联）

书信中的礼仪

小朋友们，熟悉了电话、网络等高科技产品，你现在还有写信的习惯吗？今天，就一起来走进我们传统的交流沟通方式——书信！

一、有趣的名字

书信的作用是沟通信息、表情达意，在远古的时候便产生了。但是在人类发明造纸术之前，由于制作困难、传递不方便，古人只得用木简、竹片、绢绸、布帛等为材料书写。

所以，书信在古代的名字有很多，写在木简上的叫“尺牍”，写在竹片上的叫“简书”，写在丝绢上的称“尺素”，写在纸上的称“笺”。

早期寄的信是用木匣子封套邮递的，这种匣子叫函，所以有人称书信为“函”。又因为木匣子上下被雕成鱼的形状，所以信又被称为“鲤鱼”、“双鱼”、“双鲤”、“鱼书”。旧时竖式信笺，用红线划分八行，因此书信也别称“八行书”。

二、古代书信的行款和礼仪

书信的发展，经历了从朝廷官府到寻常百姓，从公函国书到一般文人沟通交流的的演变过程。尽管内容发生巨大变化，但书信的行款格式却是有着一定的规矩的。

古代书信的格式包括以下几项：1. 称呼；2. 起语；3. 正文；4. 结语；5. 祝语；6. 署名；7. 日期；8. 附言。其中的称呼敬词，根据收信人的地位、职业、性别和与写信人的关系等而不同，使用起来都是有区别的。

对于写信的古人来说，书信的行款格式不仅是书面形式的问题，它更体现出与收信人的关系和礼仪，一封书信，内容和形式都是马虎不得的。

三、现代书信的格式

今天，按通行的习惯，书信格式主要包括五个部分：称呼、正文、祝颂语、署名和日期。

经历这么长时间，书信格式有了一些变化，但其主要的特点还是始终如一的。例如在书信中体现对对方敬重的一个重要标志，就是称呼上的“抬头”，即高出正文。古代的书信是竖着写的，我们现在是横着写，那就是用顶格来体现尊敬。

现在书信有两个地方要求顶格的，一是称呼，二是祝颂语。这就是对古代礼仪的继承，表达出对收信人的尊敬和写信人的谦逊。

小朋友，按照今天我们学到的知识，给你远方的亲友写封信吧！

（撰稿：广州天河员村小学　温春来）

古文

读“四书五经”、《颜氏家训》，可以进德修善。除此之外，从“大德、大善、大智”处着眼本册古文还特别编选了《周易》与《道德经》的一些章节，我们将感悟到“博大”：“渊渊其渊，浩浩其天”乃诚性的博大，“仰之弥高，钻之弥深”乃学问的博大，“登泰山而小天下”乃胸襟的博大；并且从中习得“智慧”：“以友天下之善士”乃交友的智慧，“善学，善问”乃学习的智慧，“安其身而后动，易其心而后语”乃处事的智慧，“夫唯不争，故天下莫能与之争”乃立世的智慧。

7 至诚

唯天下至诚，为能经纶天下之大经，立天下之大本，知天地之化育。夫焉有所倚？肫肫其仁，渊渊其渊，浩浩其天。苟不固聪明圣知达天德者，其孰能知之？

注释

肫（zhūn）肫：诚恳。

《中庸》节选

只有天下最诚的人，才能经理天下的大纲，确立天下的大本，知晓天地的化育之功，这样怎能有什么偏颇呢？他的仁心是那么恳挚真诚，他的思想像潭水般深沉，他的胸襟像蓝天般浩广。假如不是确实聪明圣贤、通达天德的人，谁又能够真正理解他呢？

“诚”是中国传统哲学中的重要思想，《中庸》是第一部对“诚”进行了深入、系统阐释的儒家经典。读这段话，带着澄明豁达、至诚至圣的心境，抓住“大”、“肫肫”、“渊渊”、“浩浩”，读出力量与气势，体味《中庸》思想之深邃与博大。“夫/焉有所倚”、“其/孰能知之”两处反问，有回声缭绕之感，更添几分妙趣。

小篆

隶书

草书

行书

楷书

诚：从言，作“信”字讲，是言行符合、真实无伪之意。“诚”的本义就是以真诚待人，以真诚不欺来成就自己。

创意空间

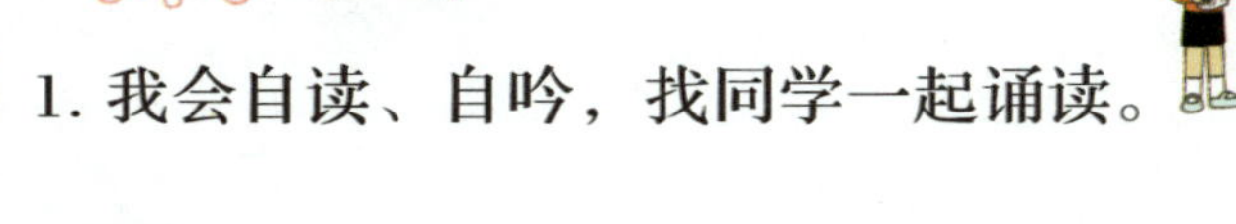
1. 我会自读、自吟，找同学一起诵读。

2. 书写练习：照样子书写下面的诗文。

唯天下至诚，为能经纶天下之大经，立天下之大本，知天地之化育。夫焉有所倚？肫肫其仁，渊渊其渊，浩浩其天。

 3. 诗情画意显身手。（我可以涂画、作诗、写对联）

8 师　道

仰之弥高，钻之弥坚。瞻之在前，忽焉在后。夫子循循然善诱人，博我以文，约我以礼，欲罢不能。既竭吾才，如有所立卓尔。虽欲从之，末由也已。

注　释

①弥：更加，越发。
②瞻（zhān）：看。
③卓尔：超群的样子。
④末由：没有办法。

《论语·子罕》

老师之道，越抬头看，越觉得高；越用力钻研，越觉得深。看看，似乎在前面，忽然又到后面去了。（虽然这样高深和不容易捉摸，可是）老师善于有步骤地诱导我，用各种文献来丰富我的知识，又用一定的礼节来约束我的行为，使我想停止学习都不可能。我已经用尽我的才力，似乎能够独立地工作。要想再向前迈进一步，又不知怎么着手了。

读这段话，我们能感受到孔子学问道德的博大精深，以及颜渊对老师的极力推崇与敬仰。诵读前两句，当满怀崇敬之心，突出“仰”、“钻”，可表演，可对接；诵读后三句，抓住“善”、“博”、“约”，体悟孔子为师的智慧。

小篆

隶书

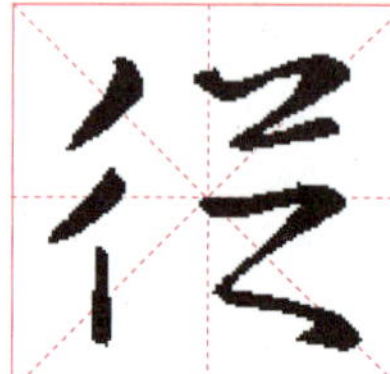
草书

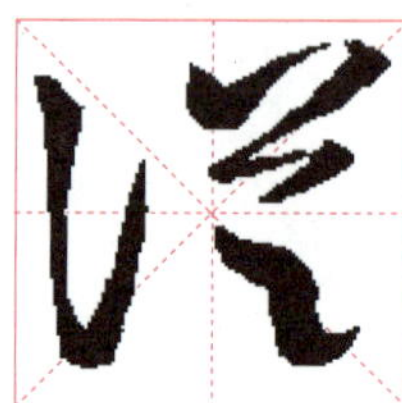
行书

楷书

从：字形像两个面朝左边站立的人，这就表示前后相从之意。“从”的本义就是“跟从”，后又引申为“顺从”。

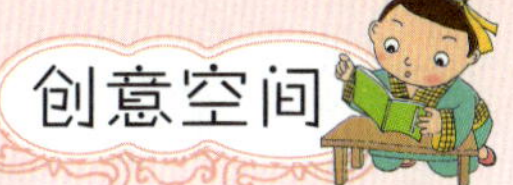

 1. 我会自读、自吟，找同学一起诵读。

 2. 书写练习：照样子书写下面的诗文。

仰之弥高，钻之弥坚。瞻之在前，忽焉在后。夫子循循然善诱人，博我以文，约我以礼，欲罢不能。既竭吾才，如有所立卓尔。虽欲从之，末由也已。

3. 诗情画意显身手。（我可以涂画、作诗、写对联）

9 有　容

孟子曰："孔子登东山而小鲁，登泰山而小天下，故观于海者难为水，游于圣人之门者难为言。观水有术，必观其澜①。日月有明，容光必照焉。流水之为物也，不盈科②不行；君子之志于道也，不成章不达。"

注　释

① 澜：大波浪。
② 科：坎，坑。

《孟子·尽心上》节选

孟子说："孔子上了东山，就觉得鲁国小了；上了泰山，便觉得天下也不大了。所以对于看过海洋的人，别的水便难以吸引他了；对于曾在圣人之门学习过的人，别的议论也就难以吸引他了。看水有方法，一定要看它的壮阔的波澜。太阳月亮都有光辉，就算一点儿缝隙都一定会照到。流水不把洼地流满就不再向前流；君子的有志于道，没有一定的成就，也就不能通达。"

这段话巧用比较，将山、水、日月与国家、天下、君子之志融为一体，景致、情理之中均显大气。如此高远的志向、开阔的胸襟需入情、入境品之、诵之，抓住“小”、“难”、“不”等字重读，舒缓而有力。字里行间之哲理，如聆听长者之教诲，故可试用对话、应和的形式诵读。

小篆

隶书

草书

行书

楷书

道：字形像一个人在十字路口行走，“道”的本义是“路”，引申为“规律”、“方法”、“途径”等。后来人们也用“道”来表示“主张”或“学说”。

1. 我会自读、自吟，找同学一起诵读。

2. 书写练习：照样子书写下面的诗文。

观水有术，必观其澜。日月有明，容光必照焉。流水之为物也，不盈科不行；君子之志于道也，不成章不达。”

3. 诗情画意显身手。（我可以涂画、作诗、写对联）

10 尚　友

一乡之善士斯友一乡之善士，一国之善士斯友一国之善士，天下之善士斯友天下之善士。以友天下之善士为未足，又尚论古之人。颂其诗，读其书，不知其人，可乎？是以论其世也。是尚友也。

注　释

颂：通“诵”，诵读。

《孟子·万章下》节选

一个乡村的优秀人物便和那一乡村的优秀人物交朋友，全国性的优秀人物便和全国性的优秀人物交朋友，天下性的优秀人物便和天下性的优秀人物交朋友。如果认为和天下性的优秀人物交朋友还不够，便又追论古代的人物。吟咏他们的诗歌，研究他们的著作，不了解他的为人，可以吗？所以要讨论他所处的那一个时代。这就是追溯历史与古人交朋友。

这段话中，孟子提出的“知人论世”的主张，对后世产生了深远的影响。谈及交友，从“一乡”、“一国”、“天下”直至“论古”，层层递进，渐渐生发。聆听之、品读之，倍感温婉亲切。诵读这段话，当怀崇尚之心，可以吟诵调歌之，亦可娓娓道之。

小篆

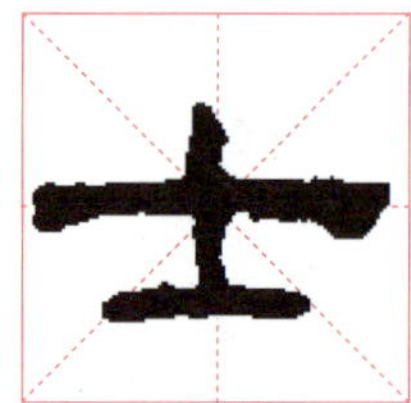
隶书

草书

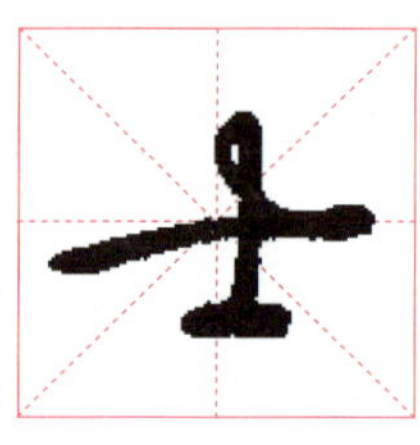
行书

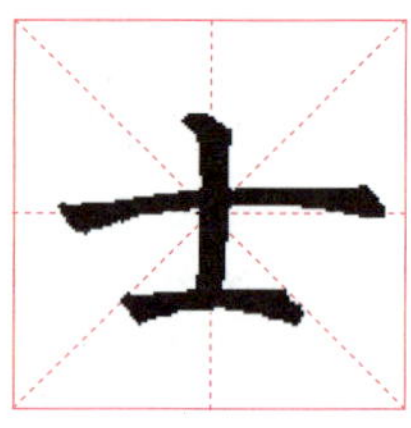
楷书

士：字形好像插苗在土中，而古时人们认为耕种是男人的责任，因此“士”字就作为对“男子”的美称。

 1. 我会自读、自吟，找同学一起诵读。

 2. 书写练习：照样子书写下面的诗文。

一乡之善士斯友一乡之善士，一国之善士斯友一国之善士，天下之善士斯友天下之善士。以友天下之善士为未足，又尚论古之人。

3. 诗情画意显身手。（我可以涂画、作诗、写对联）

11 进学之道

善学者，师逸而功倍，又从而庸之；不善学者，师勤而功半，又从而怨之。善问者，如攻坚木，先其易者，后其节目，及其久也，相说以解；不善问者反此。善待问者，如撞钟，叩之以小者则小鸣，叩之以大者则大鸣，待其从容，然后尽其声；不善答问者反此。

注释

说：通“脱”。

《礼记·学记》节选

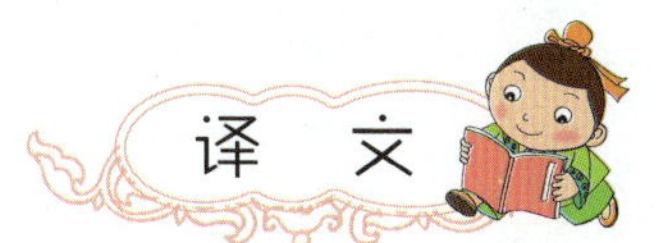

译文

善于学习的人，老师安逸而功效加倍，学生又归功于老师；不善于学习的人，老师辛勤而功效只有一半，学生又埋怨老师。善于提问的人，如同砍伐坚硬的大树，先砍伐平易的地方，最后砍伐纹理不顺的地方，时间长了，根干自然脱离分解；不善于提问的人，其做法恰恰相反。善于答问的人，如同被撞的钟，用小力敲打，响声就小，用大力敲打，响声就大，敲打得从容不迫，然后钟才缓缓尽其余音；不善于回答问题的人，其做法与这些恰恰相反。

勤于思考、善于领会、掌握方法是学习知识的重要途径。“善学者”与“不善学者”、“善问者”与“不善问者”、“善待问者”与“不善答问者”，三组“善”与“不善”之间的鲜明对比，将“进学之道”阐述得如此形象深刻、深入浅出。诵读这段话，抓住几对“善”与“不善”，在语气、情绪、形式上均可读出变化。

小 篆	隶 书	草 书	行 书	楷 书

学：上部像两手结网，表示“获得技能”；下部的“子”就是教孩子学习的意思。“学”字除了表示“学习”，还能指“学问”。

创意空间

 1. 我会自读、自吟，找同学一起诵读。

2. 书写练习：照样子书写下面的诗文。

善学者，师逸而功倍，又从而庸之；不善学者，师勤而功半，又从而怨之。

 3. 诗情画意显身手。（我可以涂画、作诗、写对联）

12 慎交友

与善人居，如入芝兰之室，久而自芳也；与恶人居，如入鲍鱼之肆，久而自臭也。墨子悲于染丝，是之谓矣。君子必慎交游焉。

《颜氏家训·慕贤》节选

与好人相处，如同进入放满芝兰的房屋，时间久了，自然也会染上香气；与坏人相处，如同进入满是鲍鱼的店铺，时间久了，自然会染上臭味。墨子看见白丝浸在黄色染缸就变黄，浸在黑色染缸就变黑，因而发出感叹，指的就是这个道理。君子结交朋友一定要慎重。

常言道："近朱者赤，近墨者黑。"与人交游，当慎之又慎。这段话，静心细读之，方能读得字正腔圆，畅快淋漓。"与善人居"和"与恶人居"的对比，如述故事，鲜明生动，告诫之语如珍珠落盘，字字入心。

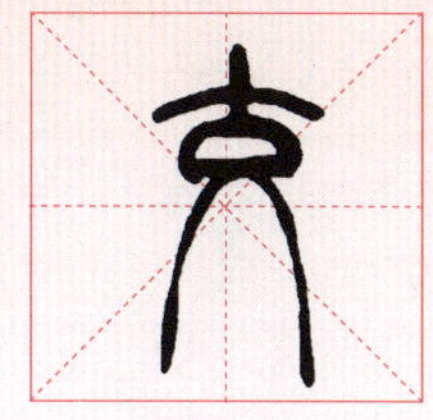				
小篆	隶书	草书	行书	楷书

交：象形字。像一个两腿交叉的人的正面，本义就是“交叉”、“交错”。现在“交”也有“交流”、“交往”、“结交”、“交通”等含义。

创意空间

1. 我会自读、自吟，找同学一起诵读。

2. 书写练习：照样子书写下面的诗文。

与善人居，如入芝兰之室，久而自芳也；与恶人居，如入鲍鱼之肆，久而自臭也。墨子悲于染丝，是之谓矣。

3. 诗情画意显身手。（我可以涂画、作诗、写对联）

13 处　事

孔子曰："君子安其身而后动，易其心而后语，定其交而后求：君子修此三者，故全也。危而动，则民不与也；惧而语，则民不应也；无交而求，则民不与也；莫之与，则伤之者至矣。"

《周易·系辞下》节选

译　文

孔子说："君子要先考虑自身的安全然后才能有所行动；要先平心静气然后才能有所谈论；要先确定了交情然后才可以向朋友求助——君子做到了这三条，就可以得到保全。相反，如果冒险行动，别人就不会支持；如果内心惶恐而发表议论，别人就不会响应；如果没有友谊就向别人求助，别人也不会帮助；不仅无人会给予帮助，或许还会受到伤害。"

《周易》向来被称作“六经”之首。这段话从正反两面告诉我们，“安身”、“易心”、“定交”乃君子处事立世之本。抓住“动”、“语”、“求”，便能提纲挈领，轻松记忆。诵读时，不妨融入其中，与其对话，如：诵读“君子安其身而后动”之后，追问：“反之何如？”诵读“危而动，则民不与也”答之。如此种种，形式多样。

小篆

隶书

草书

行书

楷书

易：字形上是“蜥蜴”的形状，后来被假借为“改变”，此后已经没有了“蜥蜴”的含义。现在的“易”有“交换”、“容易”等很多含义。

 1. 我会自读、自吟，找同学一起诵读。 

 2. 书写练习：照样子书写下面的诗文。

孔子曰："君子安其身而后动，易其心而后语，定其交而后求；君子修此三者，故全也。危而动，则民不与也；惧而语，则民不应也；无交而求，则民不与也；莫之与，则伤之者至矣。"

3. 诗情画意显身手。（我可以涂画、作诗、写对联）

14 悟 道

道可道，非常道；名可名，非常名。无，名天地之始；有，名万物之母。故常无，欲以观其妙；常有，欲以观其所徼。此两者，同出而异名，同谓之玄。玄之又玄，众妙之门。

注 释

① 欲：将。
② 妙：微妙。
③ 徼（jiào）：边际。
④ 玄：玄妙幽深。

《道德经》第一章

译 文

道可以阐述解说的，但是并非完全等同于浑然一体、永恒存在、运动不息的大道；道名也是可以命名的，但是并非完全等同于浑然一体、永恒存在、运动不息的道之名。无，称天地的初始；有，称万物的本原。因此，从常无中，将以观察道的微妙；从常有中，将以观察道的边际。这无、有二者，同出于道而名称不同，都可谓玄妙幽深。玄妙而又玄妙，正是天地万物变化的总源头。

阅读提示

《道德经》重在论道，本文则是道的总论。读这段话，首先品其义，悟其“道”，把握停顿，如：“道/可/道，非/常道；名/可/名，非/常名”，要读出轻重缓急，既能感受“道”之通达，又能体会“道”之玄妙。读至“玄之又玄”，可反踏，可吟咏，亦可两两私语。

汉字寻根

小篆　　隶书　　草书　　行书　　楷书

名：会意字。上面的“夕”表示月亮，下面的“口”表示在月下呼唤。“名”的本义就是“名字”，也引申为“命名”、“名声”、“名望”等。

 1. 我会自读、自吟，找同学一起诵读。

 2. 书写练习：照样子书写下面的诗文。

道可道，非常道；名可名，非常名。无，名天地之始；有，名万物之母。故常无，欲以观其妙；常有，欲以观其所徼。此两者，同出而异名，同谓之玄。玄之又玄，众妙之门。

3. 诗情画意显身手。（我可以涂画、作诗、写对联）

15 全 身

曲则全，枉则直，洼则盈，敝则新，少则得，多则惑。是以圣人抱一为天下式。不自见，故明；不自是，故彰；不自伐，故有功；不自矜，故长。夫唯不争，故天下莫能与之争。古之所谓“曲则全”者，岂虚言哉？诚全而归之。

注 释

① 见：通“现”，显现。

② 伐：夸。

③ 矜：矜夸，骄傲。

《道德经》第二十二章

弯曲才能保全，委屈才能伸直，低洼才能盈满，破旧才能更新，少取才能多得，贪多反而惑乱。因此，圣人坚守大道为天下的楷模。不自我表现，因此聪明；不自以为是，因此彰显；不自我炫耀，因此有功；不自我骄傲，因此长久。正因为不与人争，天下的人没有谁能与他争。古代所谓“弯曲才能保全”的话，难道是空话吗？确实能够让他保全。

这段话告诉我们应辩证地观察事物，处理问题，不能见外不见内，见表不见里。前两句采用对对子的形式诵之、玩之，节奏明快跳跃。“夫唯/不争，故/天下莫能与之争”，带着心境去诵读，读出舒缓有致的意蕴。

小篆	隶书	草书	行书	楷书

争：字形像上下各有一只手在争抢东西，它的本义就是“争夺”，也指“争辩”。

创意空间

1. 我会自读、自吟，找同学一起诵读。

2. 书写练习：照样子书写下面的诗文。

曲则全，枉则直，洼则盈，敝则新，少则得，多则惑。是以圣人抱一为天下式。不自见，故明；不自是，故彰；不自伐，故有功；不自矜，故长。

3. 诗情画意显身手。（我可以涂画、作诗、写对联）

16 上善若水

上善若水。水善利万物而不争，处众人之所恶，故几于道。居善地，心善渊，与善仁，言善信，政善治，事善能，动善时。夫唯不争，故无尤。

注释

① 几：近。
② 尤：过失。

《道德经》第八章

上善的人如同水一样。水滋养万物而不与之争夺，汇聚在人们厌恶的低洼之地，因此，近于大道。他居于低洼之地，思虑深邃宁静，交接善良之人，说话遵守信用，为政精于治理，处事发挥特长，行动把握时机。正因为不争夺，所以没有过失。

本文以水为喻，论述“谦下不争”之道，与前文有异曲同工之妙。诵读这段话，要抓住一个“善”字，体会水的柔静温和，怀揣兼容谦卑之心，娓娓道之，读出情，悟出理。

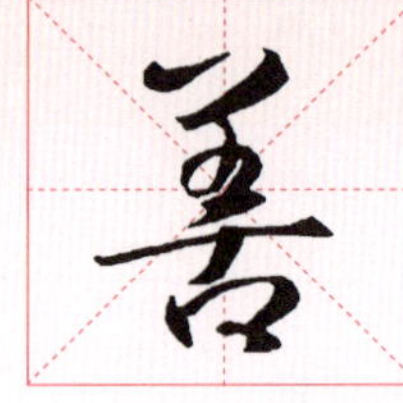

小篆　隶书　草书　行书　楷书

善：会意字。从言从羊，“言”是指讲话，而“羊”是吉祥的象征，所以“善”的本义是“吉祥”。在今天。“善”有“美好”、“善良”、“擅长”、“友好”等许多义项，也具有深刻的伦理学、哲学和佛学内涵。

创意空间

1. 我会自读、自吟，找同学一起诵读。

2. 书写练习：照样子书写下面的诗文。

上善若水。水善利万物而不争，处众人之所恶，故几于道。居善地，心善渊，与善仁，言善信，政善治，事善能，动善时。夫唯不争，故无尤。

 3. 诗情画意显身手。（我可以涂画、作诗、写对联）

伟大的丝绸之路

丝绸之路是中国历史上一条著名的大路，它促进了中国和世界各国的交流。要了解古代中国和世界各国的关系，我们就要了解丝绸之路。

一、丝绸之路的开辟

公元前140年，十六岁的汉武帝刘彻继承皇位。为了联合月氏等西北国家共同进攻匈奴，以解决匈奴对我国北方的骚扰和侵袭，他登基的第二年，就派遣使臣张骞率领100多人，从陇西（今甘肃临洮），出使西域。

张骞一行历尽千辛万苦，但他始终没有忘记汉武帝所交给自己的神圣使命，终于抵达月氏。张骞等人在月氏逗留了一年多，但始终未能说服月氏人与汉朝联盟，夹击匈奴。

张骞这次远征，虽然未能达到同月氏建立联盟，以夹攻匈奴的目的，但从产生的实际影响和所起的历史作用而言，却是无比巨大的成功。后来，张骞又奉命第二次出使西域，访问了大宛、康居、月氏、大夏、安息、身毒和于阗等国。自此，不仅现今新疆一带同内地的联系日益加强，而且中国同中亚、西亚，以至南欧的直接交往也建立和密切起来。后人正是沿着张骞的足迹，走出了誉满全球的“丝绸之路”。

二、丝绸之路的繁荣

东汉时期，朝廷继续维护和发展了丝绸之路。汉明帝时期，派遣班超出使西域，重修曾几度中断的与西域各国的关系。丝绸之路也不断往西延伸，抵达罗马。

后来，丝绸之路的干线越伸越长，支线越来越多。到了唐朝，丝绸之路迎来了最繁荣的时期。唐朝国力强盛，消灭了突厥，扫清了一切障碍，丝绸之路畅通无阻。中国的丝绸、瓷器、冶金技术、四大发明等文明成果大量输送到西方；西方的佛教、音乐、舞蹈、水果等也纷纷传到中国。唐朝的首都长安成了一个国际大都市。

三、丝绸之路的衰落

五代十国、辽宋夏金元时期，联系东西方的丝绸之路因战乱等种种缘故日趋衰落。尤其在元朝，随着西亚甚至欧洲部分地区划入了中国版图，丝绸之路变成了中国境内的一条东西交通路线。同时，随着海上贸易的日益繁荣和发达，加上海上运输远远胜于陆地运输的一些优点，丝绸之路的衰落便势在必然了。

丝绸之路在中西文化交流史上，发挥了极其重要的作用。

（撰稿：东莞松山湖小学　陈德兵）

对联

从这一册开始，我们开始对联的学习。本册编选了景色联、励志联、典故联和春联，使我们从不同的对联里感受对联和律诗的某些相似之处，领会对联所表现的极其丰富的内容。有的景中含情，情中融景；有的音韵和谐，朗朗上口；有的内涵充实，蕴涵深意；有的凝练精辟，言简意赅；有的诙谐有趣，暗藏典故。因此，除了诵读、体会对联的韵美和谐之外，还要学着体会对联里所表现出来的深意，体会文字的精妙。学习中，我们可以和老师轻松地聊对联，通过聊意境、聊美感、聊深意来加强我们的学习效果。

17 景色联

四面荷花三面柳；一城山色半城湖。

〔清〕刘凤诰

清风明月本无价；近水遥山皆有情。

〔清〕梁章钜

楼高但任云飞过；池小能将月送来。

〔清〕陶　澍

泉自几时冷起？峰从何处飞来？

〔明〕董其昌

注　释

①本：原本。

②但：只。

刘凤诰写寿联

清代文学家刘凤诰从小就才名远播，被誉为“江西大器”。一次，他为一位八旬乡绅写一副寿联，问道：“您何月何日生？”　“十一月十一日。”刘凤诰听罢，便随手将这生辰日子写到了纸上：十一月十一日。旁人都大吃一惊：这是什么寿联？看你下联怎么写下去！刘凤诰对大家的惊谔表情没有理会，乡绅心里也暗暗叫苦。而刘凤诰却还不紧不慢地问：“您今年高寿？”闻“老朽八十岁”后，他迅即将下联一挥而就：八十春八十秋。看到此联，众人连连赞叹，乡绅也说：“妙、妙、妙，妙不可言！”

荷、柳、山色、湖，寥寥数语就将济南大明湖的大明湖的秀美风景展现眼前，使人如临其境。“清风明月”、“近水遥山”虽然集自欧阳修、苏舜钦诗句，但浑然天成。陶澍对联通俗流畅，毫无雕琢痕迹，且含“尺有所短，寸有所长”的道理。最后一联是为杭州的冷泉亭撰写的，两句皆以疑问句组成，可谓别出心裁。

创意空间

1. 我会自读、自吟，找同学一起诵读。

2. 书写练习：照样子书写下面的诗文。

四面荷花三面柳；一城山色半城湖。

清风明月本无价；近水遥山皆有情。

 3. 诗情画意显身手。（我可以涂画、作诗、写对联）

18 励志联

能受苦方为志士；肯吃亏不是痴人。

〔清〕梁同书

虚心竹有低头叶；傲骨梅无仰面花。

〔清〕郑板桥

厚性情，薄嗜欲；直心思，曲文章。

〔清〕朱克敏

苟利国家生死以；岂因祸福避趋之。

〔清〕林则徐

注释

①厚：使……忠厚。
②薄：减少。
③直：正。
④曲：使……曲折有致。

林则徐作对联

林则徐少时聪慧。一次，林则徐和同学们爬到海边顶峰时，一派天风海涛，令学童们兴奋不已。老师以“海”为题，出一上联：“海到无边天作岸。”要求上下联中分别含有“海”字和“山”字。年龄最小的林则徐立刻答道：“海到无边天作岸，山登绝顶我为峰。”此联充分表达了少年林则徐的远大志向，也表现出了他非凡的才气。上下联平仄、对仗都很工整、和谐，意境更佳。林则徐学习刻苦，敢为士先，长大后成就了一番伟业，受到了世人的敬仰和爱戴。

能受苦、肯吃亏是一种高远的境界，此联意味深长。虚心竹、傲骨梅一联运用拟人手法，构思巧妙，以物喻人，托物言志而寓意深刻。朱克敏的对联凝练精辟，巧妙运用“厚”、“薄”、“直”、“曲”的对比，阐述了个人道德修养和作文的关系。林则徐的对联则气势磅礴，令人振奋。

创意空间

1. 我会自读、自吟，找同学一起诵读。

2. 书写练习：照样子书写下面的诗文。

虚心竹有低头叶；傲骨梅无仰面花。

厚性情，薄嗜欲；直心思，曲文章。

苟利国家生死以；岂因祸福避趋之。

 3. 诗情画意显身手。（我可以涂画、作诗、写对联）

19 典故联

推车出小陌；策马入长安。

〔清〕李兆镜 梁启超

门对千杆竹；家藏万卷书。

〔明〕解 缙

天作棋盘星作子，何人能下？
地为琵琶路为弦，哪个敢弹？

〔明〕朱元璋 刘 基

风吹马尾千条线；日照龙鳞万点金。

〔明〕朱元璋 朱 棣

典故

神童梁启超

梁启超十岁时，与父亲夜住李兆镜家。李家有个杏花园，梁启超玩耍时，见花可爱，摘了几朵。忽听到父亲与李秀才来了，忙将花藏于袖，被发现。父以对联的形式处罚他：“袖里笼花，小子暗藏春色。”梁启超仰头瞥见对面厅檐的大镜，念出下联：“堂前悬镜，大人明察秋毫。”李兆镜叫绝，也来考他：‘推车出小陌。”梁启超立刻对上：“策马入长安。”李兆镜连声赞好，夸他不愧是神童。

阅读提示

首联对仗工整，简单明晰，读来直白易懂；次联言简意赅，然意味深长，文字简单，很容易上口；第三联里天是棋盘，地是琵琶，朗朗乾坤，浩浩气势，恢宏高远，读来明净开朗；末联中“风”与“日”都是自然景；“马”与“龙”是动物对动物；“千条”与“万点”都是数量词，对伏工整，吟读和谐。

创意空间

1. 我会自读、自吟，找同学一起诵读。

2. 书写练习：照样子书写下面的诗文。

门对千杆竹；家藏万卷书。

天作棋盘星作子，何人能下？地为琵琶路为

弦，哪个敢弹？

3. 诗情画意显身手。（我可以涂画、作诗、写对联）

20 春联

三阳始布；四序初开。

〔唐〕刘丘子

新年纳余庆；佳节号长春。

〔后蜀〕孟昶

细草色从人去绿；小桃花为燕来红。

〔清〕李慈铭

去国重来，旧雨话添新雨话；出门一笑，今年春胜昔年春。

〔清〕吴可读

注释

① 三阳：春天。

② 四序：春夏秋冬四季。

③ 纳：享受。

尸谏慈禧

清光绪二年（1876年），慈禧亲生子同治帝驾崩，无子嗣，慈禧为维护一己专权，立其妹妹之子载湉为帝(即光绪帝)，以便继续用皇太后的名义维持她垂帘听政的野心。此行为违反了清朝体制，满朝文武各个戒备不安。时任吏部主事的吴可读，在同治葬典上，以死劝谏，要求将来载湉生子后，承继为同治之子，使“大统有归”。其劝谏无效后，自缢。

中国世界纪录协会收录的世界上最早的春联即是：“三阳始布，四序初开”。“三阳”与“四序”，“始布”与“初开”，简洁上口。孟昶的对子历来被学术界认为是对联这一文体诞生的标志。李慈铭的联语清新工整，富有情趣，读之欢愉；吴可读的春联充满佳节的喜悦之情，联语中的俩“话”俩“春”别有韵味，读联满心愉悦。

1. 我会自读、自吟，找同学一起诵读。

2. 书写练习：照样子书写下面的诗文。

新年纳余庆；佳节号长春。

细草色从人去绿；小桃花为燕来红。

去国重来，旧雨话添新雨话；出门一笑，今年春胜昔年春。

 3. 诗情画意显身手。（我可以涂画、作诗、写对联）

神奇的中医文化

中医文化是中国人民在漫长的历史过程中总结形成的，它的医学理论、诊疗手法都十分独特，下面我们就一起去了解一下吧。

一、中医诊治疾病的步骤

我们去看中医时，医生总会为我们把脉，并且看我们的舌头，这是为什么呢？中医治病的一般步骤被称为“四诊”——望诊、切诊、闻诊、问诊。

望诊，就是观气色。它是对病人的神、色、形、态、舌象等进行观察，以判断内脏的病情。

切诊是医者用手指诊察病人的脉象和身体其他部位的情况，借此了解病情。

闻诊，包括听声音和嗅气味两个方面，主要是听患者语言气息的高低、强弱、清浊、缓急等变化。

问诊指询问患者症状，通过问诊了解病人的既往病史与家族病史、起病原因、发病经过及治疗过程、疾病所表现的症状、饮食等情况，结合望、切、闻三诊，综合分析，最终作出判断。

二、中医的主要治疗手段

中医主要通过针灸、推拿、按摩、拔罐、气功、食疗等多种治疗手段，使人体达到阴阳调和而康复。其中中医常用的是针灸、推拿和拔罐：

针灸是一门古老而神奇的科学。针灸是针法和灸法的合称。针法是把毫针按一定穴位刺入患者体内，运用捻转与提插等针刺手法来治疗疾病。灸法是把燃烧着的艾绒按一定穴位熏灼皮肤，利用热的刺激来治疗疾病。传说我国的针灸起源于三皇五帝时期，伏羲“尝百药而制九针”，发明了针灸。

古人运用推拿的方法给人治病早于用中药汤剂给人治病。按照中医的理论，人的身体如果气血运行受阻，就会产生疾病。推拿疗法就是能够使经络畅通、阴阳平衡，从而使人保持健康状态。在隋唐时期，甚至出现了按摩博士、按摩师等职位，可见推拿在当时也是常用的保健治疗方法。

拔火罐疗法是用罐状器，借火热的作用，使罐中产生负压，吸附在皮肤的穴位上，造成局部充血、瘀血来治疗疾病的一种方法。最早使用的拔火罐的器具是挖空的兽角，后来牛角筒逐渐被竹罐、陶罐、玻璃罐所代替。

小朋友，你感觉到中医的神奇了吗？

（撰稿：广州天河先烈东小学　陈品花）

附录：亲子共读

我能将这段诗文的大意或典故讲给家长听。（涂红花朵表示）

第1课　家长评一评：很好　好　须努力

第2课　家长评一评：很好　好　须努力

第3课　家长评一评：很好　好　须努力

第4课　家长评一评：很好　好　须努力

第5课　家长评一评：很好　好　须努力

第6课　家长评一评：很好　好　须努力

第7课　家长评一评：很好　好　须努力

第8课　家长评一评：很好　好　须努力

第9课　家长评一评：　很好　好　须努力

第10课　家长评一评：　很好　好　须努力

第11课　家长评一评：　很好　好　须努力

第12课　家长评一评：　很好　好　须努力

第13课　家长评一评：　很好　好　须努力

第14课　家长评一评：　很好　好　须努力

第15课　家长评一评：　很好　好　须努力

第16课　家长评一评：　很好　好　须努力

第17课　家长评一评：　很好　好　须努力

第18课　家长评一评：　很好　好　须努力

第19课　家长评一评：　很好　好　须努力

第20课　家长评一评：　很好　好　须努力

图书在版编目(CIP)数据

中华国学课本.第7册/张庆华主编.—北京:中华书局,2013.12
(2014.3重印)
(中华诵·经典素读教程系列)
ISBN 978-7-101-09643-9

Ⅰ.中… Ⅱ.张… Ⅲ.中华文化-小学-教学参考资料
Ⅳ.G624.233

中国版本图书馆CIP数据核字(2013)第220976号

书　　名　中华国学课本　第七册
主　　编　张庆华
丛 书 名　中华诵·经典素读教程系列
责任编辑　祝安顺
出版发行　中华书局
　　　　　(北京市丰台区太平桥西里38号　100073)
　　　　　http://www.zhbc.com.cn
　　　　　E-mail:zhbc@zhbc.com.cn
印　　刷　北京瑞古冠中印刷厂
版　　次　2013年12月北京第1版
　　　　　2014年3月北京第2次印刷
规　　格　开本/889×1194毫米　1/16
　　　　　印张5¾　字数17千字
印　　数　5001-10000册
国际书号　ISBN 978-7-101-09643-9
定　　价　19.00元